被害者にも 加害者にも
ならないために

SNSから心をまもる本

監修 小木曽 健

Gakken

はじめに

はじめまして、この本を監修した小木曽です。私は大学の研究機関で、ネット・SNSのリテラシー（適切な使い方）を研究したり、全国の学校を訪問して「ネットで絶対に失敗しない方法」をお伝えしたりしています。これまで40万人以上の中高生のみなさんとお話ししてきました。

この本では、そんな中高生のみなさんから寄せられた声や、日ごろからみなさんがネット・SNSに感じている、

「気になっているけど、だれに聞いたらよいかわからない」

「知りたいけど、ちょっと聞きにくい」

という疑問を一冊にまとめ、くわしく解説しています。実際に起きた事例やその原因、どうしたらトラブルをさけられたのか、またどこに相談したらよいのかという情報まで紹介しているので、みなさんのネット・SNSライフに必ず役立つはずです。

ネットもSNSもただの道具です。私たちの人生を豊かで幸せにするための道具。その道具を人生にどう生かすか、これは使う人の「使い方」次第です。この本がその手助けになることを願っています。

監修　小木曽 健

この本は、おちいりやすいSNSトラブルの事例を紹介する**マンガページ**と、トラブルの回避法や対処法、困ったときの相談先などを紹介する**解説ページ**で、主に構成されています。

マンガを読んでどのような事例があるのかを知ったら、解説を読んで、そのようなトラブルの何が問題なのか、どうすればそのようなトラブルに巻きこまれずに済むのか、一緒に考えていきましょう。

どのようなSNSトラブルがあるのか、マンガを読んで理解しましょう。

マンガの主人公と、SNSトラブルについて教えてくれる解説キャラクターの会話を読んで、事例への理解を深めましょう。

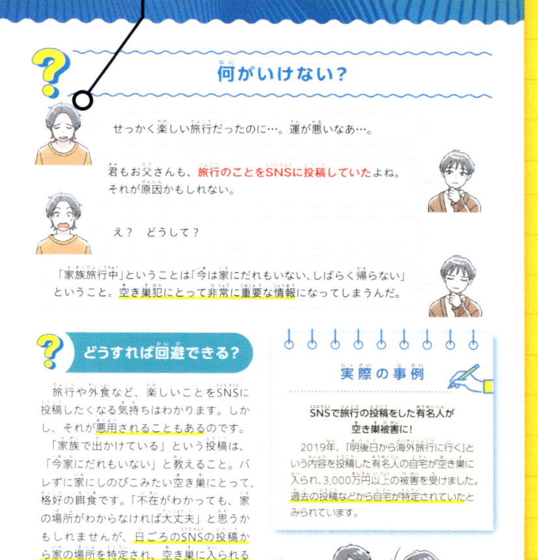
何がいけない？

せっかく楽しい旅行だったのに…。運が悪いなあ…。

君もお父さんも、旅行のことをSNSに投稿していたよね。それが原因かもしれない。

え？　どうして？

「家族旅行中」ということは「今は家にだれもいない、しばらく帰らない」ということ。空き巣犯にとって非常に重要な情報になってしまうんだ。

実際の事例

SNSで旅行の投稿をした有名人が空き巣被害に！

2019年、「明後日から海外旅行に行く」という内容を投稿した有名人の自宅が空き巣に入られ、3,000万円以上の被害を受けました。過去の投稿などから自宅が特定されていたとみられています。

どうすれば回避できる？

旅行や外食など、楽しいことをSNSに投稿したくなる気持ちはわかります。しかし、それが悪用されることもあるのです。

「家族で出かけている」という投稿は、「今家にだれもいない」と教えること。バレずに家にしのびこみたい空き巣にとって、格好の餌食です。「不在がわかっても、家の場所がわからなければ大丈夫」と思うかもしれませんが、日ごろのSNSの投稿から家の場所を特定され、空き巣に入られる事件が各地で発生しています。

「今〇〇にいる」よりも「〇〇に行ってきた」というように、投稿のタイミングを工夫するクセをつけたほうが安全です。

空き巣の場合、子どもよりも大人のSNSをチェックしていることが多いので、ご家族にも注意してもらいましょう。

15

トラブルの回避法や対処法を読んで、もしものときに役立てましょう。

春野ヒナタ

主人公たちの中学校の先生。SNSにくわしくて、優しく相談にのってくれる。ずっと前に、先生もSNSトラブルにあったことがあるみたい。

目次

※学校内でのスマホ使用については、各学校のルールに従いましょう。

すごい
ねむそうだね
ん、まあ…

昨日グループチャット、
おそくまで
盛り上がったもんねー！
ナオは
元気だね～

Leo【新曲】
うん！
めっちゃ
夜型だし！
あのあと、
レオくんの
MVも
見ちゃった！

ほんと
好きだな
ポン

8:22
たこやき部OBが
返信しました：
なにこいつ、アンチかよ
NPR大好きマンが
返信しました：
日暮里ファンとか
うそだろ

なあ
『推しのひとりごと』
読んでる？
読んでる読んでる！
次の話がさ…
あ！
それって

昨日SNSにネタバレ
あげてたやつだろ！
ヤバかったよな～！
え、発売前のやつ？
ネタバレすんなよ～
あはは

そういえばこの前
モン××ストーリーの
ゲーム実況撮ってさ
めっちゃ
おもしろかったから
おすすめ！

へー！
やろうかなー
8:29
画像削除の要請
8:29
著作権者の申し立て
により動画を削除…
マジで
おもしろいよ！
ガラ
朝礼
はじめるぞー

はーい

第1章

被害者にならないために

SNSでの個人特定や自撮り被害、詐欺など、
あなたが被害者になりうるSNSトラブルの事例について
みていきましょう。

1 感想を投稿しただけで炎上!?

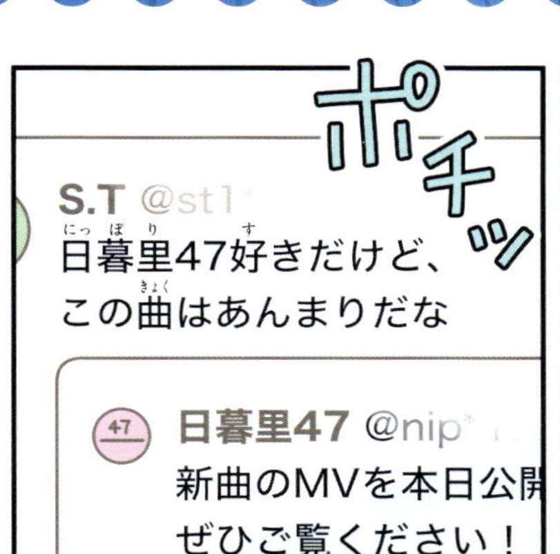
ポチッ
S.T @st1
日暮里47好きだけど、
この曲はあんまりだな
日暮里47 @nip
新曲のMVを本日公開
ぜひご覧ください！

ごはんよー！
はーい
次の日

え!!
たこやき部OBさんと他318人があな
リポストしました
なんだこれ!?

たこやき部OB
なにこいつ、アンチかよ
38
NPR大好きマン @suk**u
日暮里ファンとかうそだろ
25

思ったことを
書いただけ
なんだけどな…
ん？

あきぽん
こいつ徳田シュンって
いうらしい、〇〇中の
は!?
NPR大好きマ
特定早くてウケる笑

名前も学校も
SNSには書いて
ないのに…
なんで!?

どうしてこうなった？

SNSのアカウント名はイニシャルだし、プロフィールに学校名を書いたりはしていないよ！　なのにどうして特定されたんだ…!?

個人情報を投稿しているつもりがなくても、何気ない画像や動画、ほかの人からのコメントなどが個人特定のヒントになりえるんだ。たとえば、体育祭や学園祭などの投稿からは学校が、友だちとのやりとりなどからは名前がわかることも。今回もそういった情報があったのでは？

え、そんなところまで見られているの!?
ヒントになる情報がいっぱいあったかも…！

どうして特定されるの？

SNSで個人が特定されるとき、主に２つのパターンがあります。

①情報をつなぎ合わせる

プロフィールや画像、過去の投稿をチェックします。地域のイベントやよく遊びにいく場所、お店などからは**住んでいる場所**が、友だちとのやりとりなどからは**名前や学校**がわかるでしょう。地震やゲリラ豪雨などの情報もヒントになりえます。フォローしあっている友だちのアカウント自体も情報源です。

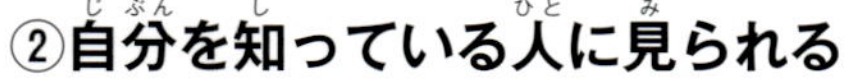

②自分を知っている人に見られる

多くの人に注目されれば、その中に自分を知っている人がふくまれる可能性が高くなります。たったひとりでも「この人知ってる」と情報を書きこめば、その情報が一気に拡散するのです。

いずれも気にしはじめたらきりがありません。ふつうに過ごしていればわざわざ特定してくるような人が現れることは少ないですが、知識として知っておきましょう。

被害にあったらどうすればいい？

SNSで知らないだれかが「ヒマだなあ」という投稿をしても、あなたは気に留めないでしょう。しかし、その投稿が大勢の批判や悪い注目を集めるネガティブな投稿だと、たちまち拡散し、個人が特定されてしまいます。そもそも炎上するような投稿をしなければよいのですが、SNSでは大人でもうっかり失敗することがあります。

今回のマンガのように、自分がどう感じたのかを投稿するのは表現の自由です。しかし、残念ながらこういった「問題のない投稿」でも思わぬ批判を受けることがあるのも事実。おどし、いやがらせ、個人情報の拡散などの被害にあった場合は、それらをスクリーンショットなどで証拠として残しておきましょう。

そして**なるべく早く身近な大人や専門の相談窓口、あるいは弁護士などに相談してください**。必要に応じて、加害者のアカウント情報を調査する情報開示請求や、問題の投稿を削除してもらうなどの対策を行うことになります。

実際の事例

ここ数年、SNSの投稿から誹謗中傷を受けたり、いやがらせやストーキングを受けたりする事例が増えています。裁判になったケースでは、傷つけられた名誉の回復や、受けた損害を補償するための金銭の支払いなどが命じられています。

≪対処法の3ステップ≫

① スクリーンショットなどで証拠を残す
（投稿のURLがわかればよりよい）

② 大人や専門家に相談する

③ 情報開示請求や、投稿の削除要請

もしものときの相談先

違法・有害情報相談センター

URL **https://ihaho.jp**

SNSやインターネット上の書きこみにおける、誹謗中傷やプライバシー侵害、その他トラブル等についての相談ができます。内容に応じて他機関の窓口の紹介も。相談無料。

2 旅行の投稿で空き巣被害に!?

何がいけない？

せっかく楽しい旅行だったのに…。運が悪いなあ…。

君もお父さんも、**旅行のことをSNSに投稿していた**よね。それが原因かもしれない。

え？　どうして？

「家族旅行中」ということは「今は家にだれもいない、しばらく帰らない」ということ。空き巣犯にとって非常に重要な情報になってしまうんだ。

どうすれば回避できる？

旅行や外食など、楽しいことをSNSに投稿したくなる気持ちはわかります。しかし、それが悪用されることもあるのです。

「家族で出かけている」という投稿は、「今家にだれもいない」と教えること。バレずに家にしのびこみたい空き巣にとって、格好の餌食です。「不在がわかっても、家の場所がわからなければ大丈夫」と思うかもしれませんが、日ごろのSNSの投稿から家の場所を特定され、空き巣に入られる事件が各地で発生しています。

「今〇〇にいる」よりも「〇〇に行ってきた」というように、**投稿のタイミングを工夫するクセをつけたほうが安全**です。

空き巣の場合、子どもよりも大人のSNSをチェックしていることが多いので、**ご家族にも注意してもらいましょう**。

実際の事例

SNSで旅行の投稿をした有名人が空き巣被害に！

2019年、「明後日から海外旅行に行く」という内容を投稿した有名人の自宅が空き巣に入られ、3,000万円以上の被害を受けました。過去の投稿などから自宅が特定されていたとみられています。

3 この人なら、と思ったのに…。

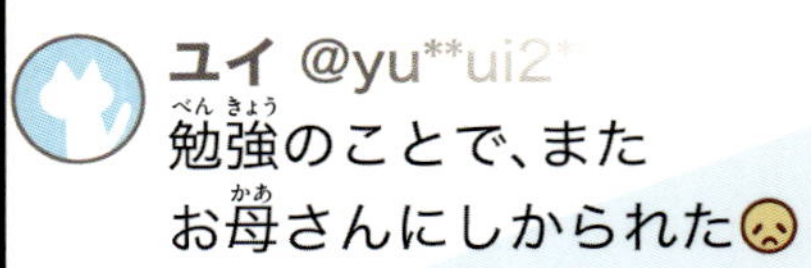

はじめまして、
ハルトといいます！
ユイさん大丈夫？

その日から、ハルトと
DM をするようになった

テストつかれた〜😞

おつかれさま！
がんばっていてえらいね！

ドラマ見てたら、お父さんが
さっさと勉強しろって…

お父さんひどいね😠
ユイは何も悪くないよ

ある日

おれ、ユイのことが
気になってるんだ。
写真交換しない？

おれの写真送るね
わ、かっこいい！
顔写真くらいならいいかな
私も送るね～
ポチ

パッ
すごくかわいいね！

え？
それはさすがに無理だよ…

パッ
ねえ、下着姿のユイも見たいな

お願い！
ユイのこと大好きだから、もっと知りたいんだ
う～ん…

そこまで言うなら…
パシャ
ハルトだし…

好きだから、
たいんだ

だ…
大丈夫だよね…？

何がいけない？

ハルトとはもうずっとやりとりをしていて、顔も知ってる。いつも優しいし、お願いは聞いてあげたいと思ったんだけど…。

SNSは「男が女に」「女が男に」「大人が子どもに」「犯罪者が善人に」簡単になりすませる道具なんだ。子どもをねらう犯罪者はたくさんいて、大人でもそれを見分けることは難しい。それに、もし相手が信用できるリアルの知り合いだとしても、**ほかの人に見られて困るような写真を送るのは危険**すぎる。絶対にやめよう。

どうしてこうなった？

人は「年齢が近い」「同じものが好き」「境遇が似ている」など何かの共通点があると、仲良くなりやすいものです。これを利用して、子どもをねらう犯罪者がウソをついてまったくの別人になりすまし、あなたに近づいてくる可能性は高いと考えてください。

よくあるのは、同性で年齢が近い人物のふりをするケースです。親近感がわいて警戒心がゆるみやすくなります。同性だからなやみを相談しやすいと感じる人も多いでしょう。

また、たよれるお兄さん・お姉さんのふりをして近づいてくるケースもあります。優しい言葉でなやみに共感するなど、ゆっくりと時間をかけて親しくなっていき、そのうち、「この人は自分をわかってくれる」と、子どもが自分を信頼するように仕向けていくのです。

相手のことを信頼すると、「下着姿の写真を送ってほしい」などという、ふつうは「おかしいな」と思えることも、「この人が言うなら…」と受け入れやすくなってしまいます。それこそが犯罪者のねらいです。言うことをきかせるために、無責任に共感したり、優しい言葉をかけたり、時にはしかったりなどして、**あなたの一番の理解者を演じている**のです。

どう心がければいい？

写真を送ってしまうと、相手は「この写真をSNSで公開するぞ、そうされたくなかったら…」とおどし、もっとひどい要求をしてくるかもしれません。最悪の場合、命の危険があるかもしれません。

そういった被害をさけるためには、どうすればよいでしょうか。言うまでもなく最も大切なのは、**他人に見られて困る写真は、だれに対しても絶対に「送らない、撮らない、撮らせない」**ことです。交際相手でも、信用できる同性の友だちでもダメです。ビデオ通話であっても、相手に録画されるケースがあるので気をつけましょう。

たとえ、相手に悪意がなくてもリスクがあります。その人がロックしていない状態のスマホを落として他人に拾われたり、ぬすまれたり、スマホがウイルスに感染してデータが流出したり…。わざとでなくても写真が世界中に広まってしまう危険があるのです。

改めて、絶対に「送らない、撮らない、撮らせない」ことを心がけておきましょう。

送ってしまったら？

もし実際に会うことを強要されても、**絶対に会いに行かないでください**。命を失う可能性もあり、とても危険です。

おどされた時点で相手は犯罪の加害者で、あなたは被害者として警察が保護すべき対象になります。匿名でもかまわないので、安心して警察に相談しましょう。

言うことを聞けば写真を消すと言われたとしても、従ってはいけません。従うとその後も要求が続きます。そもそも拡散される可能性は非常に低いです。犯人にとって何のメリットもなく、自分がつかまる可能性を高めるだけだからです。

もし写真がSNS上に拡散された場合も、それを自分だと認める必要はありません。「私じゃない、AIで合成されたみたい」と答えるだけでよいのです。

もしものときの相談先

こどもの人権110番

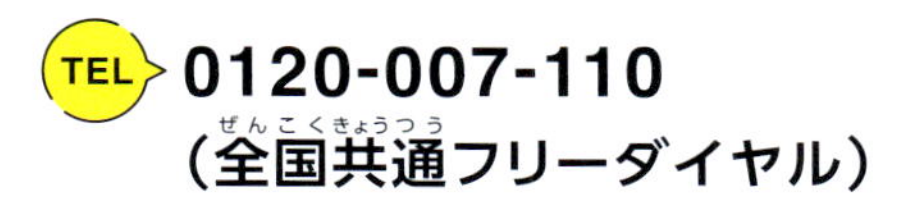

TEL 0120-007-110
（全国共通フリーダイヤル）

SNSやインターネット上のトラブルなどについて、電話やLINE、メールでも相談できます。電話での相談時間は8：30～17：15（土日・祝日・年末年始をのぞく）。相談無料。

4 危険がひそむ？ SNSでの出会い

何がいけない？

事前に写真を送ってもらったし、電話でもすごく優しそうだったから会いに行ったの。まさか全然ちがう人が来るなんて…！

「友だちにもSNSで知り合った人と実際に会ったことある子がいるし、大人だってやっているし、大丈夫でしょ」と思うかもしれない。でもSNSではいくらでも自分をいつわれてしまうんだ。写真を送ってもらっても、電話で話しても、何の確認にもならない。最悪の場合、誘拐されたり命をうばわれたりする可能性もゼロではない。**そこまでして会いたい相手なのか、よく考えて**。

どうすれば回避できる？

SNSで知り合った人と実際に会うのは、**あなたの想定よりも危険なこと**です。

SNSでは顔も性別も年齢も簡単にウソをつけてしまいます。犯罪者が「よい人」を演じるのも簡単です。会ったら相手の態度が変わって、さらわれたり、殺されてしまったりする可能性すらあります。

だから、SNSで仲良くなってどんなにすてきな人に思えても、実際に会いに行くことはおすすめしません。ひとりで会いに行くこと、人目の少ない場所で会うことはもちろんダメです。たとえ友だちと一緒でも、実は相手が複数人の大人だったら、どうなるでしょうか。

自分や大切な人の命が危険にさらされるかもしれないのに、会いに行く必要が本当にあるのかよく考えてみてください。

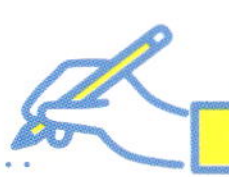

実際の事例

SNSで女子高生と知り合い、山中で殺害

女子高生がSNSで知り合った犯人に車で山へ連れて行かれ、殺害されてしまったという事件です。犯人は、被害者の女子高生とSNSでやりとりをくり返し、信頼させてから実際に会って犯行におよんだとみられます。

5 同性だから気を許したら…。

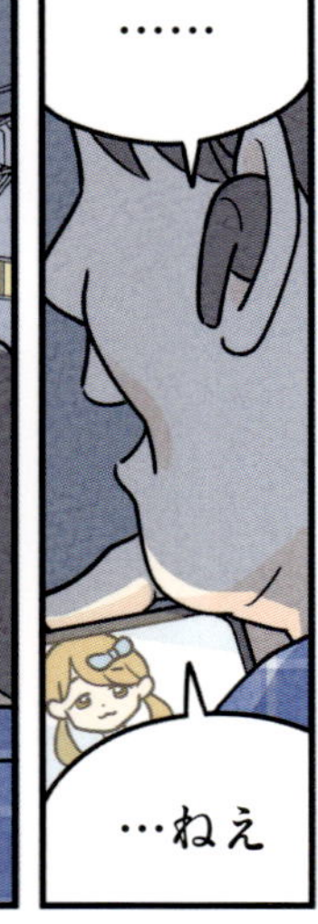

どうしてこうなった？

エリちゃんって同世代の女の子じゃなかったの…!?　それに、もちろん住所なんて教えてないのに、どうして…!?

アバターの性別は自由に選べるし、今は声もリアルタイムで好きに変えられる。アバターの姿や声に気を許していろいろ話をした中に、住んでいる場所のヒントがあったのかもしれない。たとえば家の近くにグラウンドがあるとか、となりの家が犬を飼っているとか。**犯罪者は何気ないやりとりからヒントを集めて、時間をかけてあなたの近くにたどり着く**。最後に部屋の電気を消させることで答え合わせをしたんだろうね。

どうすれば回避できる？

もし相手が家まで来てしまったら、絶対に家から出ないでください。すぐに大人に助けを求め、警察に通報してください。

最近はアバターによるライブ配信や交流を楽しめるサービスが増えています。アバターなのでその人の本当の姿は見えません。ボイスチェンジャーを使えば、リアルタイムでも簡単に声を変えることができるので、声を聞いても安心してはいけないのです。

犯罪者は半年以上という長い時間をかけてあなたを信用させ、少しずつあなたに近づいてきます。SNSでいつも使う交通機関、地元での事件、地域が特定できる雨や災害の話はしないようにしましょう。

電柱の住所表示やお店の看板、窓の外の景色など、**画像にも情報はたくさんつまっています**。気をつけましょう。

もしものときの相談先

警察相談専用電話

#9110

全国どこからでも、電話をかけた地域の警察の相談窓口につながります。相談時間は8：30～17：15（土日・祝日・年末年始をのぞく）。※各都道府県警察本部で異なります。

6 うまい話には危険がひそんでいる！

何がいけない？

SNSで知り合ったばかりの人に会うなんて、ましてや相手は「お金をわたすから一緒に食事したい」なんて、危ないと思う…。

そうだね。最初は本当に一緒に食事をするだけだったとしても、だんだん要求がエスカレートする可能性が高い。食事中に盗撮されたり、帰りにこっそり尾行されたりするなどのトラブルや犯罪被害にあうかもしれない。それらをきっかけに性的なおどしをされたり、強引に連れ去られたりするリスクもあるんだ。

本当に危ないんだね。やっぱり、**うまい話には裏がある**んだなあ。

どんな危険がある？

「一緒に出かけたり、食事をしたりするだけでお金をあげるよ」と言われたら、お得な話のように思えるかもしれません。

しかしそこには、食事中に盗撮されたり、飲み物に薬を入れられたり、ストーカー被害にあったりする危険があります。やがて相手の要求がエスカレートし、性的なことを求められる可能性が高いです。あなたがいやがっても、相手は無理やり従わせたり、あなたの弱みをにぎっておどしたりしてくる可能性もあります。

SNSの「うまい話」を簡単に信じてはいけません。**自分を危険にさらしたり、心をすり減らしたりしてまでやることなのか、きちんと考えましょう。**

こんな事例も

「ギャラ飲み」で4,000万円かせいで脱税！

お金をもらって一緒にお酒を飲むだけの「ギャラ飲み」で4,000万円をかせいだ女性。税金を払わなかったことがばれ、1,100万円を支払うように国から命じられました。

7 知らない自分が大暴走!?

S.T @st1**6
ユウトって、自分では歌がうまいと思ってるけど、全然だろwwww

みず @mi***
中間、数学やばいかも〜

こんなウソ
書かないでよ！
S.T @st1**6
ヒナっておっさんと
つき合ってるんだって
ひどい！
本当に
ありえない！
え!?
おれじゃ
ないって！

だってこれ、おまえの
アカウントじゃん
ずい！

えっ!?
S.T
@st1**6
ゲーム好きです。最近は格ゲ
ポスト　返信　ハイライト
S.T @st1**6
ヒナっておっさんと

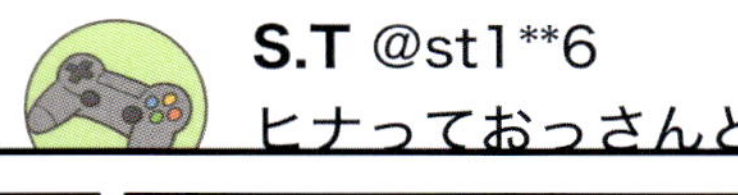

おかしいな…
サッ

S.T
@st1**9
おれ、あんなこと
投稿してないのに…
ゲーム好きです。最近は格ゲー、
ポスト　返信　ハイライト　記事
S.T @st1**9
テスト終わった〜。セー

どういうこと!?

どうしてこうなった?

本当に悪口やデマなんて投稿してないのに…!

SNSアカウントのIDを確認してみて! もしかして、あなたのアカウントのアイコンやプロフィールをコピーして、本物そっくりに作られた**にせアカウント**では。

…あ! よく見るとIDの最後が「6」と「9」でちがう!

ほぼまちがいなく**なりすまし**だね。本物のアイコンやプロフィールをコピーしているから、本人でも気づきにくい悪質なものなんだ。

SNSのなりすまし

なりすましは、他人のSNSアカウントの写真やプロフィールを勝手に使って、本物そっくりの別アカウントを作り、その人になりすます行為のことです。IDを似たようなものにされてしまうと、見分けることがさらに難しくなります。本物のアカウントの投稿をコピーし、その中に時々ウソの投稿(本人を困らせるような内容)を混ぜこむ事例もあります。また、特に芸能人では、そもそもSNSアカウントを作っていないのに、その人の顔写真を勝手に使い、にせのアカウントを作られるケースもあります。

一般人へのなりすましの場合、犯人は身近な人物であることが多いです。本人のふりをして誹謗中傷やデマ、性的な発言などを投稿し、その人を困らせることがねらいです。

また、なりすましと混同されやすいものに、アカウントの**乗っ取り**があります。IDとパスワードを不正に入手した人物が、そのアカウントにログインし、自分のものにしてしまう行為です。パスワードを変えられてしまうと、本来の持ち主はログインできなくなってしまい、アカウントを取り返せなくなるケースが多いのです。

乗っ取られたアカウントは、犯罪に悪用されてしまうことがあります。**複数のサービスで同じパスワードを使っていると乗っ取りの被害にあいやすくなるため、パスワードを使い回さないようにしましょう**。

被害にあったらどうすればいい？

なりすまし被害にあってしまったら、自分のアカウントのトップやヘッダーに、「〇〇〇というアカウントは当アカウントのなりすましです。関係機関と対応協議中ですので、情報があれば教えてください」などと表示しておきましょう。犯人は、被害者が困っている様子を確認するために高い確率で本人のアカウントをチェックしています。“関係機関と対応協議中”という記載におどろき、あわててなりすましアカウントを閉鎖するでしょう。それでも反応しない場合や、なりすましアカウントの投稿内容があまりにひどい場合は、専門機関や弁護士に相談しましょう。

アカウントの乗っ取り被害を防ぐには、**パスワードを誕生日などのわかりやすいものにしないこと、パスワードを使い回さないこと**が大切です。まずは基本となるパスワード（文字数の長いものがおすすめ）を決めたら、サービスごとにルールを決めて末尾に異なる1～2文字を追加するだけでも効果があります。

実際の事例

ゆるキャラ公式アカウントが乗っ取り被害に！

2012年、全国的に有名なキャラクターの公式SNSアカウントが、悪意のある他者に乗っ取られました。覚えのない投稿や、パスワードを勝手に変更されるなどの被害が続きました。その結果、新しいアカウントを作る事態となり、ファンは新しいアカウントへの移行を呼びかけられました。

もしものときの相談先

サイバー犯罪相談窓口（一覧）

URL https://www.npa.go.jp/bureau/cyber/ichiran.html

SNSでのなりすましなど、警察のサイバー関連の相談窓口一覧です。住んでいる地域のサイトをご覧ください。

8 趣味を楽しんでいただけなのに…。

にゃん太郎 @ny**ny yan
へたくそwww　これでよくSNSにあげようと思ったな

あきぽん @a***on2
なんかパクリっぽい絵

どうしてこうなった？

趣味で描いたイラストを投稿しただけなのに…。

SNSに投稿するという行為は、自分の個性や考えを世の中に伝えるということ。人はそれぞれいろいろな考えをもっているので、あなたに賛同してくれる人もいれば、批判する人もいる。それは当然のことだよね。もしそれが、明らかなまちがいに対する指摘であれば、受け入れるべき。ただ単に好みや考え方のちがいなら、**「そういう人もいるんだ」と軽く受け流すことが大切**だよ。合わせる必要はないからね。好ききらいの問題を「正しい」「まちがい」で批判してくる人からは、はなれよう。

どう向き合えばいい？

SNSには、否定的な意見ばかり目立つという特性があります。なぜなら、好意的な意見や「どっちでもいいな」という意見を、わざわざ投稿する人はそこまで多くないからです。

投稿内容を肯定するのも否定するのも、基本的には見た人の自由です。意見を書くこと自体を規制することはできません。「否定的なことを書くな！」というのは、相手の自由をうばうことになるからです。

だからといって、否定的な意見をすべて受け入れる必要はありません。自分のためにならないと感じるものは受け流すのがおすすめです。まちがいを指摘され、それが正しい場合は素直に受け入れましょう。

とはいえ、おどされたりなどした場合は別です。犯罪にあたる可能性がありますから、警察に相談しましょう。

もしものときの相談先

違法・有害情報相談センター

 **https://ihaho.jp**

SNSやインターネット上の書きこみにおける、誹謗中傷やプライバシー侵害、その他トラブル等についての相談ができます。内容に応じて、他機関の窓口の紹介も。相談無料。

9 グループチャットがやめられなくて…。

2時間後

※寝ながらスマホを使うのはやめましょう。

どうしてこうなった？

グループチャットは楽しいんだけど、夜中まで盛り上がることが多くなっちゃうんだよね。でも途中でやめたら、次の日学校で話についていけなくなるから、やめたくてもやめられなくて…。

友だちとの会話についていけるか心配で、やめたくてもやめられない。大人でも同じようになやむくらいなので、あなたがなやむのも当然だよ。難しいなやみだけど、**何を優先するのがよいか考えてみよう**。

どうすれば回避できる？

夜おそくまで起きていることを続けたら、そのうち体をこわしてしまいます。そのときに起こることを考えてみましょう。

まず学校に行けず、友だちとも話せなくなります。おうちの人にも心配をかけ、あなたのスマホは解約されるかもしれません。**結果的に「友だちとの会話についていく」とは真逆のことが起こる**のです。

これを回避するには、たとえば親が新たに決めたルールとして「○時にスマホを親に預けることになっている」「そうしないとスマホを没収される」「おこづかいが半分になる」などと友だちに伝えてみてください。SNSのプロフィールに「夜●時以降は返信できない」などと書くのもよいでしょう。

あなたのことを「ちゃんと思ってくれる友だち」ならば、理解してくれるはずです。

コラム

寝る前のスマホ使用で睡眠の質が下がる？

人間の身体は、日中にしっかりと太陽の光を浴びることで体内リズムが整い、よい睡眠の質を保つことができます。

夜は寝る2時間ほど前から、体がねむる準備を始めます。その時間に光を浴びると、体が逆に目覚めようとしてしまうので睡眠のさまたげになります。寝る2時間前から、スマホの使用をひかえるようにしましょう。

ミウ @******
夜○時以降は、
家のルールで
返信できません><

これでよし！

10 吸ったことないのに！ たばこで停学さわぎ!?

※登下校時のルールは、各学校の規則に従いましょう。

カラオケ宮
○○店
これ、
相田だよな？

え!?
匿名で学校に
連絡があってな
ぼく、
たばこなんて
吸ってません！

でもどう見ても
相田じゃないか
どうして
こんなことしたんだ！
停学になるかも
しれないぞ
せ、先生…
ちがいます！

ん？

これ、いつもタカシと
行くカラオケだ！
カラオケ宮
○○店

先週ここでタカシと
ケンカして…
ラオケ宮
タカシ、
いつもおくれて
くるなよ！
ほんの数分で
そんなにおこること
ないだろ！

でも、たばこなんか
吸ったことないのに
どうして…？

どうしてこうなった？

このカラオケにはよく行くけど、もちろんたばこを吸ったことなんて一度もないよ！　なのに、なんでおれがたばこを吸っている写真がSNSにアップされているんだ…!?

これは「**フェイク画像**」かもしれないね。生成AIという技術を使えば、にせものの画像や音声、動画をまるで本物かのように作ることができるんだ。

そんなことができるの!?　この写真、たばこを吸っているところ以外は見覚えがあって、タカシが撮った写真なんだ。まさか…？

生成AI・フェイク画像とは？

AI（Artificial Intelligence：アーティフィシャル・インテリジェンス）とは、さまざまなデータを学習させた人工知能のことです。**生成AI**は、その人工知能を使って、文章や画像、声、音楽、動画などを作り出すシステムです。

生成AIは今ではだれでも簡単に使うことができます。適切に使えば、作業を効率的にしてくれる便利なものですが、この技術を悪いことに使う人もいます。

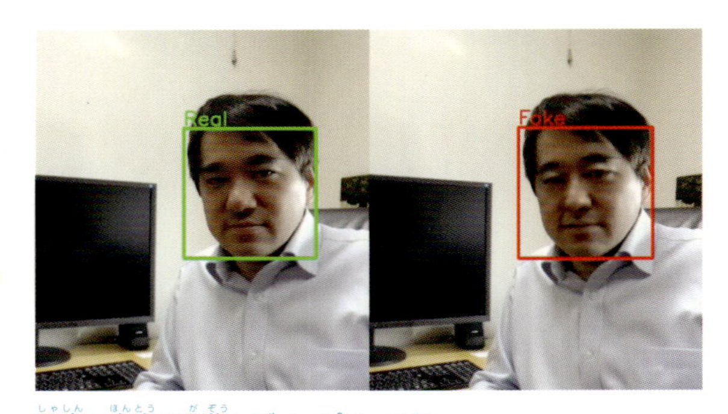

写真：本当の画像とディープフェイク

左が本当の画像、右が生成AIによって作られたディープフェイクの画像。（提供：国立情報学研究所 越前功）

生成AIを使って、画像や動画にうつっているものを消す、ないものを加える、顔を変える、場所を変える…。そうして作られたものは「**フェイク画像**」「**フェイク動画**」と呼ばれ、だれかをおとしめたり、みんながだまされているのを楽しんだりするために、悪用されることがあります。本物と見分けがつかないほどうまく作られたものは、「**ディープフェイク**」と呼ばれ、世界中で社会問題になっているのです。

どうすれば回避できる？

今は、スマートフォンやパソコンなど、AIを使うための機器を多くの人が持っています。そのため、フェイク画像やフェイク動画の素材となりうるもののあつかいには気をつけましょう。たとえば、知らない人に自分がうつった写真や動画を悪用されないよう、自分のSNSアカウントに鍵をかけることもひとつの手段です。

しかし、仲の良い友だちと写真を撮るのはまったくめずらしいことではありません。そのため、自分の写真や動画をだれにもわたさないというのは現実的には難しいでしょう。被害にあってしまった場合は、すぐに大人や専門家に相談しましょう。

また、自分自身がフェイク画像・動画にだまされないことも大切です。目に入った画像や動画をすぐにそのまま信じるのではなく、情報源をたどったり事実を調べたりするようにしましょう。**むやみにフェイク画像・動画を信じてしまうと、それはだれかを傷つけることにつながるかもしれません。**

実際の事例

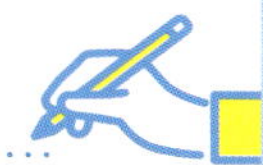

フェイク画像で台風被害をねつ造

2022年9月、静岡県で起こった台風による水害の様子がSNSに投稿されました。たくさんの家が水にしずむ様子がうつっており、多くの人が信じて拡散。ところが、画像の一部に不自然なところがあり、後にそれがフェイク画像だったことが判明します。

正確な被害の把握、救助や支援のおくれなどに影響が出たり、地域のイメージ低下を招いたりなど、悪い影響が生じることが懸念されます。

もしものときの相談先

違法・有害情報相談センター

SNSやインターネット上の書きこみにおける、誹謗中傷やプライバシー侵害、その他トラブル等についての相談ができます。内容に応じて、他機関の窓口の紹介も。相談無料。

11 人気グッズが手に入ると思ったら…！

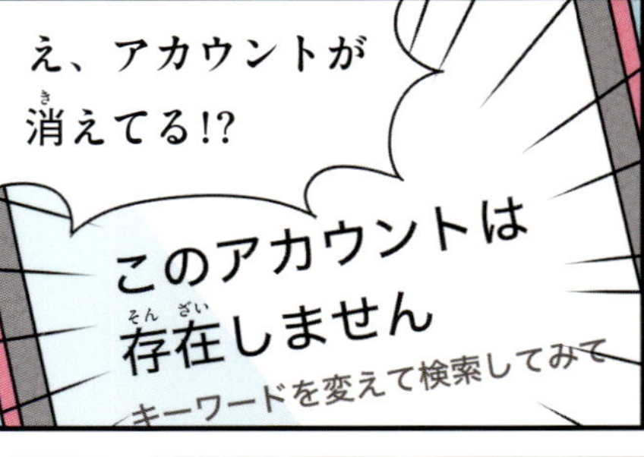

何がいけない？

どうしてもほしいグッズだったの！　SNSでのグッズ交換くらい、みんなやっていると思ってたから、大丈夫だと思って…。

知り合ったばかりのよくわからない相手を信じて、お金を送るのはリスクが高すぎる。ネットギフトや電子マネーは、だまされても相手を特定しにくい支払い方法なんだ。**大人でも、だまされたり詐欺にあったりしているのだから、「自分は大丈夫」なんて思ってはいけない**よ。

どうすれば回避できる？

素性のわからない相手が、先にお金を払うように言ってきたら、取引をやめましょう。その人がちゃんとしているのか、あなたをだまそうとしているのか、わからないからです。これは大人でもわかりません。

相手が素性を明かして「銀行振込ならどうか」と言ってくる場合もあります。確かにネットギフトや電子マネーより被害にあいにくいですが、違法に手に入れた銀行口座を使っている可能性もあります。**つまり、どんな方法を使っても知らない人との取引にはリスクがあります**。

被害にあっても少ない金額だからとあきらめてしまう人もいますが、警察には相談しましょう。①やりとり、②ネットギフトの購入記録、③コード番号など**情報が残っているほど犯人を特定しやすいです**。

ギフトカードとは？

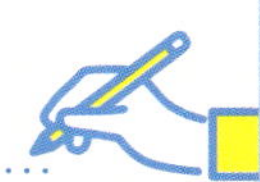

コンビニなどで売られている「ネット通販サイト」のギフトカードは、**記載された番号を入力するだけ**で、そのサイトで商品を購入することができます。

またネットギフト（電子ギフト）は、メールやSNSで簡単に送れる金券（お金そのものではないが、特定のお店などでお金と同じように支払いに使えるもの）です。送る側は送りたい金額を設定して、相手に送ることができます。

いずれもプレゼントとして使われることが多く、**買う人と使う人が別でも問題なく使えるのが特徴**です。

12 簡単にレベルが上がるはずが…。

レベル上げ代行師 @　*up**
モン＊＊バト＊のレベルアップ引き受けます！
今ならネットギフト500円～
DMでお問い合わせください！

S.T. @st

ご連絡ありがとうございます！
あなたのアカウントのIDとパスワードを教えてください。
代金は以下のアドレスにお願いします。

＊＊＊＊　.jp

了解～♪

どうしてこうなった？

せっかくラクして強くなれると思ったのに～！

IDとパスワードを教えると、相手はそのアカウントを乗っ取って自由に使えてしまう。つまり**家の鍵をわたすのと同じようなこと**なんだ。相手がパスワードを変えたら、自分はもうログインできなくなり、ゲーム内のアイテムやアカウント自体を売られてしまうかもしれないよ。

そんなあ～！　どうしよう!?

どうすれば回避できる？

自分の代わりにゲームをプレイしてもらい、アカウントを強くしたりアイテムを入手したりしてもらうことをゲーム代行といいます。依頼するには、自分のゲームアカウントのIDとパスワードを相手に伝える必要があります。

そもそも、ほとんどのゲームではアカウントの貸し借りを禁止しています。ゲームの運営会社に見つかったらアカウントは強制停止され、せっかく育てたキャラクターや、集めたアイテムもすべて消えます。

また、預けたアカウントにクレジットカードが登録されていたら、勝手にゲーム内でお金を使われてしまうでしょう。

つまり**アカウントを貸す行為自体が、そもそもリスクがあること**なのです。

実際の事例

ゲームのレベル上げ代行でアカウントを乗っ取り、逮捕！

2018年、ゲームのレベル上げ代行を引き受けた男性が、そのままアカウントを乗っ取った疑いで逮捕された事件。約2万件のゲーム代行を引き受け、総額約1,500万円を受け取っていたといいます。

もうこんなことは二度としない…！

13 無料で読めると思ったのに！

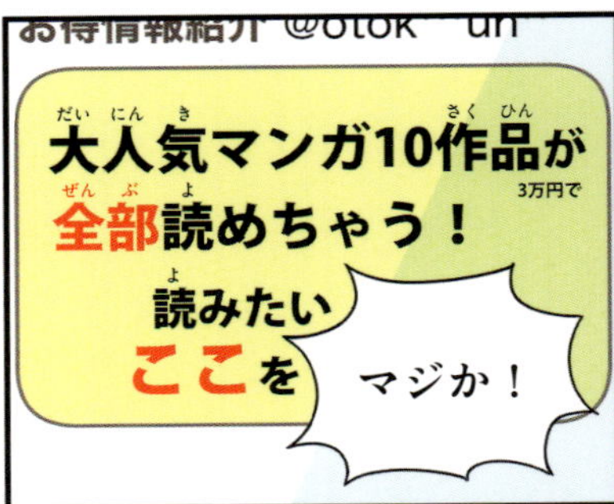

読みたい人は
ここをタップ
ポチッ

パッ
契約が完了しました
30,000円を下記より
お振込みください
ええ～!?

あ！
ここか！
ご質問はこちら
050-XXXX-X
ポチッ

どうしてこうなった？

いきなり「契約が完了」って出たから、あせって電話したんだ…。

確かにあせるよね。でも「気づいたら契約していた」というような仕組みは違法なので無視して大丈夫。メールや電話で連絡すると、**相手にメールアドレスや電話番号を知られてしまう**よね。「だまされやすい人リスト」に登録され、詐欺メールがどんどん送られてくるようになる。だから、こういう場合に自分から連絡するのはダメなんだよ。

どうすれば回避できる？

契約は、内容の説明やきちんとした手順もなしに、有効に成立はしません。「見る」などのボタンを押しただけで、突然「契約完了」などと表示された場合、その契約は法的に成立していません。基本的には無視してよいです。

こちらから連絡すると、まれに相手が優しく対応してくれることがあります。「値引きの相談をしてみるよ」「安くしてくれるって、よかったね！」などとたよれる大人を装って、信頼を得ようとします。でも、そもそも払う必要のないお金です。そう言われても従う必要はありません。

ただ、最初は本当に無料で、途中から有料になることもあります。これは合法で、支払わなければならない場合が多いです。つまり、**サイトやアプリの説明をしっかりと読んでから使うことがとても大切**なのです。

実際の事例

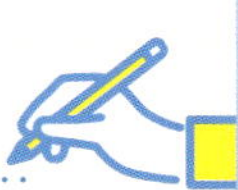

中学生が架空請求メールで詐欺被害に！

中学生が使用するタブレット端末に、動画サイトの退会手続きに関する、架空請求のメールが次々に届きました。これを信じた中学生は、コンビニで電子マネーを購入しお金を送りました。その後、さらにお金を支払うように求めるメールが届いたことで、母親に相談し発覚したといいます。

着信拒否、これでよし！

コラム Column みんなで一緒に考えてみよう!

大人はSNSに個人情報をのせているのに、どうして子どもはいけないのか?

大人は許されて、子どもはダメなのか?

みなさんは日ごろ「SNSやネットに個人情報をのせてはいけない」と、何度も注意されていると思います。ですが、疑問に思ったことはありませんか？　そうやって注意してくる大人たちの中には、自分の「名前」「勤め先」「出身校」などをSNSにのせている人がたくさんいます。大人たちはSNSに個人情報をのせているのに、どうして自分たちだけダメなのか…？　その理由を一緒に考えていきましょう。

大人と子ども、何がちがう?

みなさんと大人のちがいは何か。それは「子ども」なのか、そうじゃないかです。「当たり前じゃないか」と思うかもしれませんが、実はものすごく大きなちがいなのです。なぜなら、みなさんには「子どもだから」という理由で性犯罪者や詐欺師たちが近づいてくる可能性があるからです。

もちろん、個人情報をのせたら絶対に犯罪に巻きこまれるというわけではありません。とはいえ、軽い気持ちで個人情報をのせている子どもは、個人情報をあまりのせていない子どもよりも極めて少ないです。そのため、悪い意味で目立ってしまいます。

個人情報をのせている子は「危機意識が低い子だな」「簡単にだませそうだな」と思われてしまい、あらゆる犯罪者が近づいてくる可能性が高くなります。その結果、ほかの子よりも犯罪被害にあうリスクが上がってしまうのです。

つまり、個人情報を軽い気持ちでSNSやネットにのせる行為は、犯罪者のターゲットになりやすくなってしまうということです。それでも、やりたいと思いますか？　よく考えてみましょう。

監修　小木曽 健

第2章

加害者にならないために

誹謗中傷や著作権の侵害、プライバシーの侵害など、
あなたが加害者になりうるSNSトラブルの事例について
みていきましょう。

14 軽い冗談のつもりが…。

サクラアオイユイ(3)
既読 2
20:11
ふたり
どう？
サクラ
サクラはね～
20:12
アオイ
あ、また言った～！
20:12

クスッ
トタタタ
シュポ
中3にもなって、
名前呼びはイタいって笑

既読 2
20:13
名前呼びはイ
シュポ
アオイ
あはは
シュポ
サクラ
うわーん、気をつける
ふふっ

それでサク…
あ、私ね…
どうしたの？
急に…

もしかして
昨日のこと
本気にしてる？
冗談のつもり
だったのに…
ごめん…！

どうしてこうなった？

サクラは妹みたいなキャラで、いつものノリでやりとりしただけのつもりだったんだけど…。傷つけちゃったかも…。

情報は思ったとおりには伝わらない、ということを覚えておこう。大人でもそれをすっかり忘れてしまっている人がいて、人間関係で失敗するくらいなんだ。これは、対面のコミュニケーションでも同じだよ。表情を見たり声を聞いたりできないSNSでは、なおさら「伝わらない」が起きやすいということを覚えておこう。

人間は伝えるのが下手？

多くの人が誤解していますが、実は人間は「伝える力」がそれほど高くない生き物です。もし私たちが、思ったことをそのまま伝えることができる能力、つまりテレパシーのような能力をもっていたら、どのような世界になるでしょうか。

たとえば学校の教室では、意見の対立からケンカがそこら中で始まってしまうかもしれません。頭の中で考えていることや感じていることが、そのまま相手に伝わってしまうのは、よいことばかりではありません。相手に伝えたくない、伝えなくてよいことまで伝わってしまったら、コミュニケーションをとるのが難しくなります。つまり人間は、**程よく「伝わらない」生き物**なのです。

だからといって「伝わらなくても仕方がない」とあきらめてしまったら、豊かで楽しい人生を過ごすことはできません。何より、大人をふくめた多くの人が、人間が「伝え下手」であることに気づいていないのです。そんな中で、あなたがそれに気づき、上手に伝えることを意識しはじめれば、きっと伝える「達人」になれるはずです。

「心をこめて伝えれば、相手もわかってくれる」という言葉は、人間が「伝え下手」だということをわかったうえで、初めて意味をもつのです。

どうすれば回避できる？

「伝わらない」には、相手に理解されないということだけでなく、相手がまったく別の解釈をしてしまうというリスクもふくまれています。今回の例のように、自分は冗談のつもりでも、相手は「悪く言われた」と別の解釈をしてしまうケースが、まさにそうです。

しかも、**文字だけのコミュニケーションには、表情や声、身ぶり手ぶりといった非言語コミュニケーションがまったくありません**。いつも、私たちは言葉や文字に加え、非言語コミュニケーションの助けを借りておたがいの考えや感情を伝え合っています。通話で話すときも、表情や身ぶり手ぶりは見えなくても、相手の声のトーンや言葉の強弱で感情が伝わっているのです。そういった助けがまったくないSNSやDM、メッセンジャーは、基本的に「全然伝わらない道具」だと思って使う必要があります。相手がどんなに親しい人でも、「この表現で伝わるかな？」「ちがう意味に受け取られないかな？」「さっき伝えた言葉は、どう解釈したんだろう？」とやりとりの中で意識してみてください。

コラム

文章でのやりとりでのトラブル、約8割が自分もしくは知人に経験あり！

ある調査によると、文章でのやりとりにおいて「誤解が生じたこと、トラブルに発展したこと、不快や不安な思いをしたことはあるか」という質問に対し、「ある」と答えたのは41.1%、「自分はないが知人・友人から聞いたことがある」と答えたのは38.8%となりました。

つまり、約8割の人が身近なところで、文章でのやりとりのトラブルが発生した経験があると回答した結果になりました。

*「テキストコミュニケーションにおける課題についての調査」(2024年)より
(キーボードアプリ「Simeji」, https://simeji.me)

ポイントのまとめ

・人間は伝え下手だということを知る
・簡単に伝わるはずがないと覚悟する
・うまく伝える工夫をする、伝える前に振り返る
・伝えたあとでも、必要に応じてちゃんと伝わったかを確認する
…などを意識するようにしましょう。

15 そういう意味じゃなかったのに…！

どうしてこうなった？

電車で来るのかとか、バスで来るのかとか、そういうことが聞きたかっただけなのに…！

友だちは「どうしてあなたが来るの？」という意味で受け取ったみたいだね。表情や声のトーンがわからない、文字だけの情報だと、こういったすれちがいが起きやすくなる。実際に会って話していればわかることでも、文字にすると伝わらないことはたくさんあるんだ。きちんと考えて、相手に伝わる表現を心がけよう。

どうすれば回避できる？

同じ言葉でも、文脈によってはまったくちがう意味に解釈できてしまうことがあります。また人によって感じ方も異なるので、**文字でのやりとりがメインとなるSNSは誤解が生じやすい**のです。

そもそも人はだれでも、自分の視点だけで考えたメッセージを作りがちです。情報を発信する際は、頭を切り替えて、相手の視点でもそのメッセージをながめてみる、異なる解釈ができてしまわないか考えるのが重要です。

「別の角度からも見てみる」というクセを身につけるだけで、コミュニケーション力がぐんとのびます。同時に、自分が情報を受け取る際の感覚もみがかれるので、理解力、読解力ものばすことができます。

誤解が生まれやすい言葉

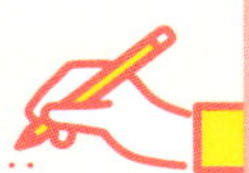

何で来るの？（①なにでくるの？／②なんでくるの？）
①どうやって来るのかをたずねている
②来ないでほしい

おもしろくない
①「おもしろいよね？」と同意を求める
②「おもしろくない」という否定

いいよ　①OK　②NO

ヤバい　①ポジティブ　②ネガティブ

大丈夫　①問題ない　②いらない

16 聞いた話を書きこんだだけなのに…！

はしでつまんで捨ててから、ちょっと加熱したんだってさ

わはは

ウケる～加熱消毒じゃん！

まあ、少したてば落ち着くかな…

はしでつまんで捨てて
加熱消毒したらしい笑

1.8万

ちくわの友 @bam
最悪！

momo @su
もうこのコンビニで買い物しないわ

つみれセプテンバー @
保健所に連絡しました

数日後

発信者情報開示の
意見照会書

この度、あなたが発信されまし
事項記載の情報の流通により、
権利が侵害されたと主張され
方から、あなたの発信者情報の
開示請求を受け、開示に応じる
ことについてあなたのご意見を
照会いたします。

情報開示!?

何がいけない？

てっきり本当の話だと思って…！　友だちにも教えてあげよう、くらいの気持ちだったんだけど…。

本当の話だとしても、その投稿のせいでお店の売り上げが下がったとすれば、その責任を負うのはSNSに投稿した君だ。**「本当のことなら許される」という考えはまちがい**だよ。今回のようなネガティブな情報は、「許せない」とか「だれかに伝えたい」という気持ちから、おどろくようなスピードで拡散される。友だち限定のアカウントでも、スクショを撮られて拡散される可能性も高いからね。

どんな問題がある？

大人でも「本当のことなら何を投稿しても大丈夫」と考えている人がいますが、それは大まちがいです。たとえば「Aさんは逮捕されたことがある」という投稿。事実でもその投稿のせいでAさんが仕事を失ったり、りこんしたりしてしまったら、投稿者はAさんから損害賠償請求をされ、裁判になってしまうかもしれません。

つまり「本当かどうか」よりも、**その投稿のせいでだれかに迷惑がかからないか、だれかが損をしないか**を、投稿する前に考える必要があるということです。未成年でも責任が発生することを知っておきましょう。

「自分が買った食べ物に異物が入っていた」というようなケースでも同じです。勢いでSNSに投稿などせず、保護者と一緒に企業に申し出ましょう。

実際の事例

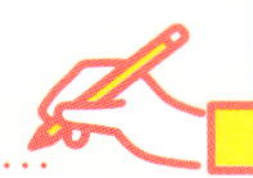

飲食チェーン店に対するウソで逮捕！

2016年、飲食チェーン店の食べ物に「赤いガラス片が入っていた」とSNSに投稿された事件。警察が調べた結果、投稿内容はウソだと判明し、投稿した男性が名誉毀損の疑いで逮捕されました。

※事実かどうかにかかわらず、裁判で争われる可能性があるので気をつけましょう。

17 私が書いたわけではないけれど…。

数週間後

何がいけない？

私自身が悪口を書きこんだわけではない。だから、大丈夫だよね…？

だれかが書きこんだ誹謗中傷の投稿に対して、「いいね」を押したり「リポスト／リツイート」をしたりするだけで誹謗中傷と認定されるかどうかは、まだいろいろな議論がされている真っ最中なんだ。**今後「いいね・リポスト／リツイートも誹謗中傷」という判決が出される可能性もゼロではない**ので、注意が必要だよ。

どう考えたらいい？

SNSやネットに誹謗中傷を書きこんだ人は、名誉毀損（相手の評価をおとしめること）で損害賠償を請求される可能性があります。もしそれがおどしや強要をふくむ内容なら、警察に逮捕される場合もあります。

誹謗中傷の投稿を「拡散しただけでも法的な責任が生じる」かどうかは、議論が行われている真っ最中です。

どちらにしても、仮にあなたの悪口を拡散している人がいたら、あなたは傷つきませんか？　SNSやネットは「その行為が犯罪にあたるか」を考えることは言うまでもなく、**「その行為でだれにどんなストレスや迷惑をあたえるか、相手がどんな気持ちになるか」を考えながら使うことが大切**です。

実際の事例

芸能人を誹謗中傷し、逮捕!

ふたりの芸能人に対して「殺す」などとしつこく書きこみを行った男性が、侮辱罪、脅迫罪で逮捕されました。仕事のストレス発散のためだったと語っています。

中傷の拡散、名誉毀損をめぐり裁判に!

根拠のない中傷が書かれた投稿を拡散した男性が、中傷された人から名誉毀損をめぐってうったえられました。

18 推しを否定するなんて許せない！

とうもころし @zae_
代々木のミナって、ダンスちょっと苦手かもね
8 15

代々木47のミナちゃんの悪口だ！

消してもらわなきゃ！

投稿

このコメント、消してもらえませんか？ミナちゃんは毎日レッスンを受けて、がんばっているんです！
ミナちゃんが見たら傷つきます

何がいけない？

悪口はいけないことだから、消してもらおうと思っただけなんだけど…。

否定的な意見がすべて誹謗中傷というわけではないんだ。きらい、苦手、前のほうがよかった、全然つまらない…。どれもその人の感じ方だし、そう感じる自由がある。他人が自分とちがう感じ方、考え方だからといって、それを**否定したりやめさせたりすることはできない**。「あなたの意見だってきらい、だまって」って言われたら、言い返せないでしょう？ “誹謗中傷”と“意見論評”の区別をつけられるようにしよう。

どう考えたらいい？

誹謗中傷とは、相手の人格を批判する悪口のことです。逆に言えば否定的な意見がすべて誹謗中傷になるわけではありません。

たとえば「A君は足が速くない」はただの事実の表現ですが、「A君はのろまで、まぬけだ」は事実の表現をこえて、A君そのものを悪く言っています。これが誹謗中傷です。

ただ、誹謗中傷でなくても相手を傷つける可能性はあります。「意見論評ならば何でも言ってもいい」なんて人は、やがてだれからも相手にされなくなるでしょう。

当然ですが、人それぞれ考え方や感じ方にちがいがあります。自分とちがう考えをすべて受け入れる必要はありませんが、自分とちがう意見だからといって、それをだまらせる権利はだれにもありません。**異なる意見も受け入れ合うのが多様性です**。

コラム

知っておこう！　誹謗中傷と意見論評

誹謗中傷

事実をこえて、その人の“人格”を批判する

例「あいつは目つきが悪い、性格も悪いんだろうな」

意見論評

事実を論評する

例「あの人はクールなので、こわい人だと誤解されやすい」

19 推しの魅力を広めたくて…。

nao/レオ担 @n***
レオくん初情報〜♥
雑誌にのってた！

今ハマっているのは
新作アイス！
もともとアイスは好きな
ですけど、最近はコンビニ
に行くたびに新
出てないかアイス

よしっ

あ！ もう
Mチャンの
時間だ！

最新曲を世界
JO10
ふたりを待つ未来が

きゃ〜
歌うますぎ〜♥
ダンスもかっこいい!!

ポチッ
投稿
レオくん、今日のMチャンも
かっこよかった
最新曲を世界初披
4:03
ふたりを待つ未来が
全員が返信できます

次の日

うわ〜！
ふたりを待つ未来が
20
532
829
6840
たくさん見て
もらえてる！

…あ！
レオくんが
新しい
投稿してる！

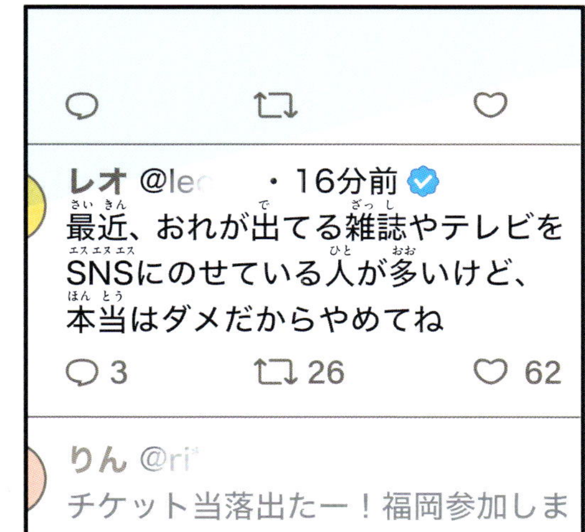
レオ ・16分前
最近、おれが出てる雑誌やテレビを
SNSにのせている人が多いけど、
本当はダメだからやめてね
3
26
62
りん
チケット当落出たー！福岡参加しま
す！やったーーー！！

え…
みんなしてるのに
ダメだったの!?

何がいけない？

レオくん、本当にかっこいいんだよ！　だからその魅力をみんなにも知ってほしいって思ったの…。

本や雑誌、テレビ番組、マンガ、映画、歌やゲームなどには、著作権というものがあるんだ。せっかく作ったものを勝手にコピーされたら、オリジナル（本物）が注目されなくなったり、売れなくなったりしてしまうよね。だから、雑誌やテレビの映像を勝手にSNSにのせるのは、著作権を侵害する行為なのでやってはいけないよ。もし権利をもっている人から指摘されたら、賠償を求められるケースもある。「ほかの人もやっているのに！」なんて一切関係ないからね。

著作権とは？

著作権は、何かを作り出した人がもつ権利です。法律では「**思想または感情を創作的に表現したもの**」と定義され、イラストや写真、文章、CG、曲・歌、テレビ番組、映画、マンガ・アニメなどさまざまなものが著作物に該当します。著作権があるから、「作品は作った人のもので、ほかの人が勝手に使ってはいけない」「使うときは許可を得たり、お金を払ったりしなくてはならない」という、当たり前の決まりが存在するのです。

また著作権は売られている商品、プロが作った作品に限られません。みなさんが自分で描いたイラストや、自分で考えた文章にもちゃんと著作権があります。つまり、友だちが描いたイラストを勝手に自分のSNSにのせる行為も著作権の侵害になります。

SNSにはアニメやマンガのイラストをアイコンにしている人や、雑誌の写真やテレビの映像を投稿している人がたくさんいます。本当は**許可されたもの以外はすべて“著作権の侵害”です**。マンガの1コマ、雑誌の切りぬき、動画の1秒であったとしてもです。

「でも、芸能人が雑誌の写真をSNSに投稿してるのをよく見るけど…」と思う人もいるかもしれません。芸能人は事前に関係者の許可を取っていますし、雑誌を作った人も、芸能人には拡散力があって宣伝になるので許可するのです。通常はダメなのだと覚えておきましょう。ほかの人が投稿した雑誌の写真などをコピーして自分が再投稿することも、もちろんいけません。

どんな罪に問われる？

法律では、著作権を侵害すると「懲役10年以下、もしくは1,000万円以下の罰金、またはその両方」が科せられると定められています。また、損害賠償を求められる可能性も高いです。

本来なら対価を支払わないと楽しめないはずのものが、タダで得られてしまうと、何が起きるでしょうか。作った人にきちんと報酬が払われなくなり、やがて新しいものを作る人がいなくなるでしょう。マンガを描く人、歌を作る人がいなくなるのです。**みなさんが日ごろ楽しんでいる娯楽がなくなってしまう**ということです。まわりまわってみなさん自身に返ってくる話なのです。

また、最近では「歌ってみた」「演奏してみた」「踊ってみた」など、楽曲を使った投稿も多いですが、これらにも注意が必要です。使ってOKの楽曲もあれば、ダメな楽曲もあります。あるサービスでは使用OKな曲も、別のサイトではダメだったりします。もし使いたい楽曲がある場合は、しっかりとルールを確認してからにしましょう。

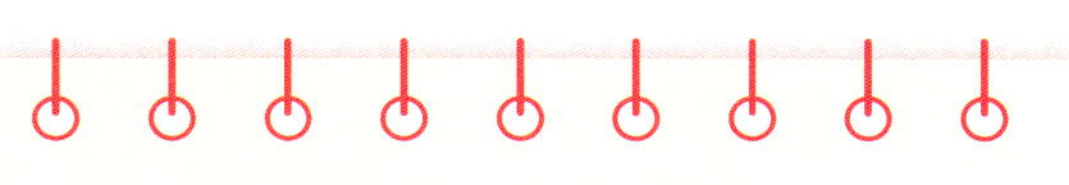

実際の事例

写真を無断で加工し、SNSアイコンに！

2017年、プロの写真家が撮影した写真が、別の人物に無断でSNSアイコンとして使用されていた事件。写真家の男性はSNSの運営会社に、情報開示を申し立てました。

アメリカの有名歌手が著作権侵害!?

2018年、アメリカの超有名女性歌手がSNSに写真を投稿。その写真を撮影したカメラマンに無断で使用したため、著作権侵害で2万5千ドルを支払うよう、うったえられました。

公式の投稿を拡散して、推しを応援しよう！

20 みんなやってるゲーム実況、ダメなの!?

おお～！
すげー！
お前だったのか!!

は～
おつかれ～

数日後

あれ？
動画サイトから
連絡が来てる

『著作権者の
申し立てにより
動画を削除
しました』…!?

何がいけない？

ゲーム実況、みんなやってることなのにダメなの!?

確かにゲーム実況動画はたくさんあるから「大丈夫」だと思うのも無理はない。でも、実際には**ゲーム会社やゲームごとに**「実況してもOK」「これはダメ」「エンディング以外はOK」のような**細かいルールがあるんだ**。

そうだったんだ…！　全然確認してなかった。気をつけなきゃ！

ゲーム実況は違法なの？

ゲーム実況動画は、ゲームをプレイしながらそのゲームの内容や感想などを紹介する動画のことです。動画サイトにもたくさん投稿されていて、とても人気があります。

ゲーム実況には、見た人が「私も遊びたい！」と思ってゲームを買ってくれるかもしれないという宣伝効果があります。一方で、動画を見てゲームの内容がわかったり遊んだ気になったりすることで、ゲームを買ってもらえなくなるといったマイナス面もあります。だから、**実況動画を許可するかどうかは、ゲーム会社やゲームごとでルールが異なる**のです。

もし許可されていないゲームや、特定のシーンを実況してしまうと、動画を削除されたり、アカウントを停止されたり、ゲーム会社からうったえられたりする可能性があります。**必ず事前にルールを調べましょう**。

実際の事例

ガイドライン違反のネタバレ動画で逮捕！

とあるゲームのあらすじや結末がわかるネタバレ動画を動画サイトに投稿した男性が、著作権法違反の疑いで逮捕されました。男はガイドラインで禁止されている内容の動画を投稿し、広告収入を得ていました。

違法であるとわかっていながら動画を投稿したことを認めています。

ゲームの規約
このゲームは、以下の条件を守ったうえでゲーム実況動画を撮影することを許可します。

これからは必ず事前に確認しよう！

21 発売前のマンガを発見、みんなに教えなきゃ！

何がいけない？

すごくワクワクしておもしろいマンガなんだ！　早く次の展開を知れてうれしかったし、みんなにも共有したいと思って…。

お金を払った人しか楽しめないはずのものを、無料で楽しんだり他人に広めたりするのはアウト！　それに、発売前に見られるなんて本来ありえないこと。**違法なものである可能性が高い**んだ。

どんな罪に問われる？

そもそも許可なくマンガを無料で公開することは、60ページで説明したとおり著作権侵害の罪に問われます。

特に、発売日よりも前にマンガなどの内容を勝手に公開する「早バレ」は、それを見たことによって買う予定だった人が買わなくなってしまうかもしれません。出版社が得られるはずだった利益が失われることになるので、**より多くの損害賠償を請求されるでしょう**。

もし画像を保存せずにあらすじだけを投稿したとしても、損害賠償請求される可能性があります。発売前の**違法コンテンツの拡散に加担するなんて、絶対にしてはいけません**。

実際の事例

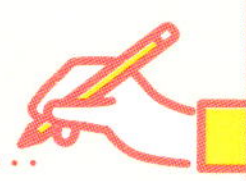

週刊少年マンガ誌の早バレで逮捕！

2024年、発売前に入手された少年マンガ誌の内容が無断でネット上に公開された事件。マンガの内容は英語やアラビア語にも翻訳されて、SNSを通して海外にも拡散されていました。犯人は著作権侵害の疑いで、逮捕されています。

22 映画の内容が10分でわかる？お得な動画だと思ったら…。

何がいけない?

動画サイトでふつうに公開されてたし、映画全部をそのまま見たわけじゃないから、大丈夫だと思ってた…!

でもその動画は**映画の映像を勝手に使っているから、その時点でアウト**だよ。それに、その動画で満足したらお金を払ってちゃんと映画を見ようって思わなくなるよね？　そうなると映画を作った人たちは収入を得られなくなり、やがてだれも映画を作れなくなってしまうんじゃないかな。

…確かに。

ファスト映画って?

ファスト映画とは、映画の映像を無断で使用して10分～20分程度に短くまとめた動画のことです。このような動画を、動画サイトやSNSで公開し、広告料をかせぐ違法行為が行われています。動画サイトもファスト映画の取りしまりに力を入れており、仮にそのような違法動画で収益を得たとしても、没収され、アカウントも停止されることが多いでしょう。もちろん**著作権侵害なので、逮捕される可能性も高い**です。

映画は映画館や正規の動画サイトで、必要なお金を払って見るものです。多くの人がそれ以外の方法で見てしまったら、やがて新しい映画を作る人がだれもいない、つまらない世界になってしまいます。

ちなみに、**違法動画をダウンロードしたり保存したりすることも違法**です。

実際の事例

ファスト映画で5億円の賠償請求!

2022年、ファスト映画を動画サイトで公開したとして、投稿者3名が逮捕された事件。54作品を公開し、1千万回以上視聴されていました。それにより映画製作などの13の企業から、5億円の損害賠償を支払うよう、うったえられました。

23 思い出の写真を投稿したら…。

次の日

おはよ～
おはよ～　昨日は楽しかったね!

あ、そういえばさ
SNSに顔写真のせていいかサクラに聞いた？

え？ううん
私、鍵アカでリア友しかつながってないし
大丈夫じゃない？

サクラっていつも顔写真のせてないから
一応聞いておいたら？
うん　わかった～

あ～　実は…

あんまり顔写真あげないようにしてて…聞いてもらえるとうれしかったかも～
!!
ご、ごめん!!

何がいけない？

友だちと撮った写真をSNSに投稿するのはみんなやってるから、あまり気にしないであげちゃった…！

その友だちの家庭のルールで禁止されていたり、もしかしたら過去に画像でいやな思いをした経験があったり…。いろいろな理由で「私はSNSに顔写真をのせないようにしている」という人がいるかもしれない。**相手を気づかう、相手に気配りをする感覚は、何歳であってもとても大切**だよ。これはあなた自身が評価されるふるまいでもあるので、大切にしてほしいな。

肖像権とは？

実は「**肖像権**」という権利は法律で規定されているものではありません。これまでのさまざまな裁判を通して「人は勝手に撮影されたり、それを勝手に公開されたりしない権利をもっている」という考えが共通のものになり、それを表す言葉として「肖像権」という表現が生まれました。

肖像権の侵害は、写真や映像に少しでも姿がうつりこんだら発生するというものではありません。たとえば、だれでも自由に歩き回れる路上、公共の場所、観光地などでは肖像権の侵害は発生しません。だから、スポーツの中継や、猛暑の様子をうつしたニュース映像などでは、人々の顔がそのままうつされています。ちなみに、バラエティー番組などで通行人にぼかしをかけているのを見たことがあるかもしれませんが、それはそのまま放送されたらいやな人がいるかもしれないと配慮したものです。

では、どんな場面で肖像権の侵害が発生するのでしょうか。法律的には**だれなのか特定可能**なものが、**だれでも見られる場所**に無許可でのせられ、しかもその人の**プライバシーを侵害するような内容**である場合などに、このケースは我慢すべき限界をこえているかを法的な視点で判断します。

このように、肖像権の侵害は、その写真・映像がどういう場所で、どういった目的で、どのように撮影されたのかなどを、総合的に見て判断されます。つまり、肖像権の侵害は事例ごとに考える必要があるのです。

どう考えたらいい？

「じゃあ、肖像権はあまり気にしなくていいの？」と思うかもしれませんが、それはちがいます。もしあなたが自分の写真を勝手に撮られたり、その写真を勝手に公開されたりしたら、それが**違法じゃなくても**不快に感じませんか？　「私は気にしない」という人もいれば「なんかいやだな」と感じる人もいるはずです。事情があって「自分の個人情報のあつかいに気をつけているのでSNSに顔写真は絶対にのせない」という人もいるでしょう。

つまり、法的に**肖像権の侵害にあたるかどうかにかかわらず**、相手に対する気づかいができているかがとても大切なのです。たとえ自分が気にしなかったとしても、相手もそうなのか、投稿する前に立ち止まって考えましょう。それが大切な友だちへの優しさです。

どうすれば回避できる？

友だちと撮った写真をSNSに投稿する前に、**相手に確認するようにしましょう**。「この写真はいいけど、こっちの写真ははずかしいから投稿しないでほしい」など、写真によってものせたい、のせたくないが分かれるかもしれません。そこまで考えられると、よりよいですね。

ポイントは肖像権の侵害にあたるかどうかよりも、「この写真を投稿したら、友だちがいやだと思うかどうか」です。単純に、大切な友だちを悲しませたり、友だちにきらわれたりするようなことはしたくないですよね。そのために優しさをもって考えましょう。そういった気づかいを自然にできる人は、周囲からも高い評価を受けるでしょう。

実際の事例

写真の無断投稿で47万円の損害賠償！

2017年、相手がうつっている写真を無断でSNSに投稿し、問題となった事件。事前に公開の許可を取らなかったこと、プライバシー性の高い写真であったことなどから、肖像権とプライバシー権の侵害でうったえられ、約47万円の支払いが命じられました。

24 芸能人に遭遇、みんなに自慢しちゃおう！

何がいけない？

芸能人にたまたま会えるなんてめったにないことだから、
みんなに自慢したいって思っちゃった…。

だまって撮ったらそれは盗撮。もちろんよくない行為だから絶対にやめよう。特に芸能人の場合は、その存在自体に商品価値があるから、たとえば写真は公式グッズとして販売されているし、記事などで芸能人がうつった写真を使うときには使用料が発生する場合がある。**芸能人を撮影するのは、想像以上にさまざまな権利を侵害する行為**なので、気軽に撮影しちゃダメ。覚えておこう。

芸能人のパブリシティ権とは？

芸能人に限らず、だれかを許可なく勝手に撮影する行為は、プライバシーの観点からもちろんいけないことです。さらに、撮影の対象が芸能人の場合は「**パブリシティ権**」というものが関わってきます。

芸能人には、その人の名前や存在で人を引きつけ、利益を生み出す価値があります。その価値を守るための権利がパブリシティ権です。テレビや雑誌は、芸能人にお金を払って出てもらい、写真を借りる際にも使用料を払っています。あなたが勝手に撮影し、勝手に写真を使ってしまえば、その芸能人のパブリシティ権を侵害し、タレントの商品価値を損ねてしまうかもしれません。芸能人の無断撮影は、みなさんが思っている以上に大きな問題となる可能性があるので、十分気をつけましょう。

実際の事例

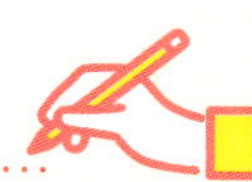

俳優の写真を無断で雑誌に多数掲載し、パブリシティ権の侵害と認定！

2008年、ある俳優の写真を無断で使用した雑誌が発売され、パブリシティ権の侵害としてうったえられた事件。雑誌の表紙にもその俳優の写真や氏名が大きく掲載されていただけでなく、中のページにも70枚をこえる写真が大きく使われていたことなどから、パブリシティ権の侵害にあたると判断されました。

25 簡単な高収入バイトの裏側は…。

ありますぜひやりたいです！

ありがとうございます！
それでは、以降の連絡は
こちらのアプリでお願い
します
＊＊＊.com

了解～♪

応募完了です。
バイトの詳細ですが、
○月○日にここの
住所に行って、女性から
300万円を受け取り、
この場所に持ってきて
ください。

ポン

こっちはおまえの名前も住所も
全部知ってるんだ。
従わないならおまえの家に行く

うわ…!!

何が危ない？

1日で3万円ももらえるなんて聞いたら、飛びつきたくなる気持ちもわかるけど…。

でも、本当にそんなにおいしい話なら、見ず知らずの他人に教えたりたのんだりするわけないよね。「何か裏があるんじゃないか」と疑う感覚をもてるようになろう。闇バイトは**「逮捕される担当」を見つけるための募集**なんだ。運よくもうかることはありえない。だから、個人情報を教えてしまったあとでも、すぐにやりとりをやめて警察に助けを求めよう。必ず守ってくれるから大丈夫。

闇バイトとは？

闇バイトとは、仕事の内容を明確に示さず、短い時間で簡単に高収入が得られるとうたうバイト募集のことです。「バイト」とうたいつつ、**実際は犯罪の実行メンバーを募集**しているだけです。SNSやネットの掲示板などで多く見られます。

一見「お得なバイト」に見えるような書き方をしていますが、その実態は振り込め詐欺で被害者から現金を受け取る係や、家に押し入って強盗する担当など、本当にただの犯罪です。警察につかまる可能性が最も高く、またつかまった場合に非常に重い罪になる犯罪をやらされるだけなのです。しかも、つかまったところで自分は犯罪組織の背景を知らないので、首謀者までつかまる可能性は低いです。犯罪者たちにとっては、都合のいい「捨てごま」でしかありません。

「簡単に高収入」という言葉にだまされないでください。実際にやらされるのはバイトではなく、ただの犯罪です。しかも高確率でつかまるようなことをさせられます。強盗をしたら、身を守ろうとした被害者から反撃され、命を落とした人もいます。とても危険なことなので、手を出すのは絶対にやめましょう。

どうすれば回避できる?

闇バイトは、SNSやネットの掲示板などで「短時間・高収入・だれでもできる」と**詳細を示さずに**募集しています。まず、そうした投稿や書きこみを目にした時点で、「あやしい」「危険だ」と思う感覚をもつことが大切です。見分ける自信がなければ、SNSで募集している高額バイトはすべて「闇バイト」と考えるくらいの方が安全です。

万が一応募をしてしまうと、「くわしい話をする」と別のSNSやチャット、アプリなど他人の目のふれにくい場所へ誘導されます。そして応募の手続きに必要だからと名前、生年月日、住所、電話番号、学生証や免許証の写真、家族の情報、実家の写真など、さまざまな個人情報を提出させられます。

そういった個人情報を教えたとたん、実は犯罪の実行役であることを告げられ、「にげたら家族に危害を加える」「学校にバラす」などとおどして、にげられなくするのです。**もしこのような事態になったら、すぐに警察へ相談してください**。

実際の事例

闇バイトの募集で時計強盗の実行犯に。少年らを逮捕!

2023年、東京·銀座の時計店に男たち数名が訪れ、高級腕時計など100点以上をうばって逃走した事件。その後、16歳から19歳の少年4人と、逃走を手助けした33歳の会社員が逮捕されました。

逮捕された全員が闇バイトに応募していたとみられます。会社員の男は逃走に使用するレンタカーを手配したが、強盗に使われるとは知らなかったと供述しています。

もしものときの相談先

各都道府県の警察本部·少年相談窓口、最寄りの警察署 もしくは

警察相談専用電話

#9110

闇バイトに加担してしまった、友だちが加担した、おどされている、個人情報を知られてしまった…など、闇バイトに関する相談は、まず警察へ。

26 あと1回が止まらなくて…。

どうしてこうなった?

どうしてもほしい期間限定のアイテムがあって…。ふと見たらカード情報がスマホに残っていたから、つい…。

クレジットカードには「そのカードの持ち主しか使っちゃダメ」という決まりがあるんだ。保護者が操作したならともかく、カードの持ち主に無断で決済するというのは、お財布から勝手にお金をぬき取るのと同じこと。その決済は明細にも記録されるので、いつか必ず、絶対にバレる。反省してもう二度とやらないことだ。

どうすれば防げる?

スマホでゲーム内課金などをするには、主に3つの方法があります。コンビニなどで事前に購入した分の金額だけが使える**プリペイドカード**、スマホの利用料金と一緒に支払いをする**キャリア決済**、そして**クレジットカード**です。

プリペイドカードは利用していいか、どう使うかを保護者の方と話し合いましょう。

キャリア決済もクレジットカードと同様に利用明細に記録されるので、勝手に使えば必ずバレます。クレジットカードの無断利用は言うまでもなくダメです。

「**未成年者契約取り消し**」という、契約行為から子どもを守る法律上の制度もありますが、カードを無断利用してしまうと適用外になる可能性があります。つまり無断利用は、自分で自分を守る権利を失ってしまう行為なのです。

実際の事例

小中学生も高額課金!
ゲーム内課金の相談続出!

国民生活センターによると、オンラインゲームに関する相談件数は、2021年度が7,126件、2022年度が7,219件、2023年度が8,432件と、毎年数多く寄せられています。小中学生の子どもが高額課金をしてしまったという相談も多いとのことです。

*独立行政法人国民生活センターHPより
(https://www.kokusen.go.jp/soudan_topics/data/game.html)

27 ちょっとした悪ふざけのつもりが…。

のどかわいたから
これ全部
飲んじゃお～!

何がいけない？

おもしろいと思って…。ちょっとした悪ふざけのつもりだったんだ。

友だちに見せるつもりでSNSにアップしたんだけど、まさかあんなに拡散されて、たくさんの人に見られるなんて…。

SNSやネットとは関係なく、**そもそもルールを破ったり、他人に迷惑をかけたりする行為をしてはいけない**。当たり前のことだよね。それに、軽い気持ちでSNSに投稿すると、フォロワー数の多さに関係なくすぐに拡散され、もっと大事に発展してしまうよ。

どんな罪に問われる？

このような迷惑行為が行われ、その様子を撮影した動画がSNSで出回ると、お店にどんな影響があるでしょうか。

迷惑動画を見た人がお店に行かなくなり、お店の売り上げが減るかもしれません。業務のじゃまをしたとみなされ、偽計業務妨害という罪に問われる可能性があります。

また、不衛生なイメージがついた備品はもう使うことができません。お店のものをこわして使えなくしたとみなされ、器物損壊という罪に問われるかもしれません。

また、本来得られるはずだった売り上げや、新しいものを買うためにかかったお金を支払うよう（損害賠償）、裁判を起こされる可能性があります。

軽い気持ちでしたことが取り返しのつかないことになると心に留めておきましょう。

実際の事例

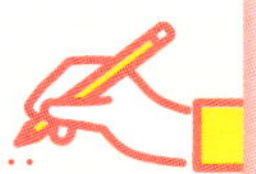

すしチェーン店迷惑動画事件

客が悪ふざけで、回転ずしチェーン店のしょうゆのボトルや使っていない湯のみをなめ回したり、すしにだ液をつけたりした動画が拡散され、炎上した事件。

しょうゆのボトルや湯のみを使えなくしたとして、器物損壊の罪に問われました。また、お店のイメージをいちじるしく低下させたとして、約6,700万円の損害賠償を求める裁判が起こされました。

SNSでの失敗、子どもだったら許される…？

SNSの使い方は、子どもと大人でちがう？

私は全国でSNS・ネットの使い方について講演しています。参加された大人からよく聞かれるのが「講演の内容は、年齢によって変えるの？」「大人向けと生徒向けの講演は何かちがうの？」という質問。実は「ほぼ同じ」です。なぜならSNSもネットも道具だからです。

想像してみてください。実際にはありえませんが、たとえば「今から小学5年生が車の運転をします」という場面があったとします。その小学5年生が車を運転するために知らなくてはいけないことは、大人と同じはずです。車を運転する際に必要な知識は、大人だろうが小学5年生だろうが変わりません。なぜなら車は道具だから。道具とはそういうものです。

SNS・ネットも道具のひとつ

SNSもネットも道具です。道具を使う以上、その道具の使い方や注意点、知っておくべき知識は大人も子どもも一緒。SNSやネットは子どもを「子どもあつかい」してはくれません。

だから、たとえ「軽い気持ちで」だとしても「わざとじゃないのに」だとしても、SNS・ネットのルールを破って悪い行為をすれば、大人と同じように非難されます。まったく手加減のない大きな代償をはらうことになるのです。その代償はあなたの人生を大きく変える可能性すらあるものです。

そう考えるといろいろと心配になってしまうかもしれませんね。でも、この本はそのようなことが起きないよう、必要な知識が身につけられるように作られています。どうか安心してください。「はじめに」でも書きましたが、SNSやネットは、あくまで私たちの人生を豊かで幸せにするための道具なのですから。

監修　小木曽 健

番外編

被害者でも、加害者でもない。
けれどSNSであなたがかかえやすいなやみや、
SNSだからこそできることについて、考えていきましょう。

28 レアアイテムがあきらめられなくて…。

どうしてこうなった？

このゲームに最近すごくハマってるんだ。なかなかクリアできないイベントがあって、ついつい夢中に…。

ゲームはユーザーが「ハマる」ように作られているので、そうなるのも無理はないかもしれない。でも、何も考えずにやり続けてしまうと、寝不足になって遅刻したり、授業中に居ねむりをしたり、最悪の場合は注意不足でけがをしたり事故にあったりする可能性もある。もし自分に危機感をもったのなら、解決するための手順を一緒に考えてみよう。

どうすればいい？

スマホをやめられない人がやりがちなのが、スマホの利用時間を減らすこと。でもこれはたいてい失敗します。長時間利用は起きている問題のきっかけにすぎません。

解決すべきは起きている「弊害」です。スマホの使いすぎで、寝不足による体調不良が起きているのなら、体調不良を改善する方法を考えましょう。長時間利用で勉強時間が減り、成績が下がったのなら、解決すべきは「成績の低下」です。スマホをやめても別の何かをしてしまったら、寝不足も成績低下も解決しません。

「弊害」を解決するために必要なら、スマホの使い方を見直しましょう。保護者が子どものスマホ利用時間を管理できたり、遠隔で利用をストップできたりする無料アプリもあるので、保護者と一緒に活用するのもよいでしょう。

もしものときの相談先

ギャンブル依存症回復施設
グレイス・ロード　ネット・ゲーム
依存症相談専用ダイヤル

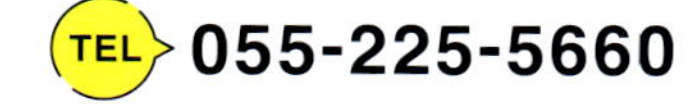

TEL 055-225-5660

29 巨大地震が起こる!? 最初は信じていなかったはずが…。

出間 流 @nag**e**
○月△日に東京で
巨大地震が起こる!
なぜなら、

この人、
数年前の大きな
地震も当ててる！
出間 流 @nag*...・20X2/08/
20X3年に　で巨大地震
が起こります

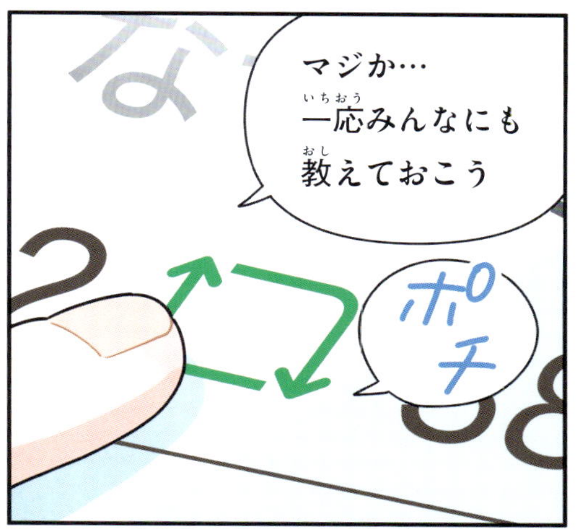
マジか…
一応みんなにも
教えておこう
ポチ

次の日
おはよ！
おはよー

あ、昨日さ
地震の投稿を
拡散してたよな？
うん、
こわくね…？

あんなのウソに
決まってるだろ！
あはは
え、マジで
信じてんの？
え…？

実際に
予知しているのに
なんで
信じないんだ
ろう…？

どうしてこうなった？

いや、最初は信じてなかったんだよ。でも、数年前の大きな地震を、起きる前の日付でちゃんと予想していたから、本当かもって思っちゃったんだ…。

確かにそれを見たら、「本当に予言が当たったのかも!?」と思ってしまうのもわかるよ。でも、今の科学では、時間、場所、大きさなどをふくめて、詳細に地震を予測することは不可能だとされているんだ。じゃあ、どうして地震を前もって予測できた（ように見えた）のか、そのカラクリを一緒に見ていこう。

予言投稿の仕組み

「○月に××で地震が起こる」「プロ野球の優勝は○○」「○月○日に株価が暴落する」など、これから起きることを予想して、実際に的中させている投稿をSNSで見かけたことがありませんか？　投稿日はその出来事よりも前の日付だし、「もしかして、本当に予言したのか!?」と信じてしまいそうになるかもしれません。ですが、**これにはちゃんと裏がある**のです。

まず、SNSに鍵付きのアカウントを作り、「あした、○○地方で地震が起きる」という投稿を毎日します。実際に○○地方で地震が起きたら、予想が当たった投稿だけを残し、残りはすべて削除、そしてアカウントの鍵を外すと…。見事、地震を予言した投稿のできあがりです。なぜこのようなことをするのかというと、この投稿に多くの人が注目すれば、閲覧数に応じた報酬を得られるというSNSの仕組みがあるからです。つまり、**予言でもなんでもない単なるお金もうけ**なのです。

同じように、プロ野球なら春先に「今年は○○が優勝する」「今年は××が～」「△△が～」と、全チームの名前を挙げ、それぞれの投稿で「優勝する」と書いておくだけです。結果がわかってから外れた投稿を削除して、アカウントの鍵を外しているのです。

予言のような投稿はこうやって作り出されます。**仕組みを知れば、「なんだ、そういうことだったのか！」と納得できませんか？**

フェイクニュースとの戦い方

意外に思うかもしれませんが、実は「フェイクニュースを見破ってやる！」という考えは非常に危険です。フェイクニュースはどんな分野にも存在するので、それらを見破るには、理屈上、あらゆる分野の専門家にならなくてはなりません。でも、そんなことができる人はきっといないでしょう。そこで大切なのは、「自分はフェイクニュースを見破れないかもしれない」と覚悟することです。

これは、決して戦うことをあきらめるという意味ではありません。**「急いで見分けようとしない」**という意味です。人は、フェイクニュースを目にしてあわてて判断しようとするから、だまされてしまいます。フェイクニュースには、すぐに判断したくなる、拡散してみんなにも広めたくなる要素が組みこまれています。それと戦う方法はただひとつ、**いったん判断を保留すること**です。みんながいったん手を止めて「保留」すれば、フェイクニュースは拡散されず、無力化できるのです。

コラム：どうして拡散したの？

新しい情報だったから、みんなにも教えたくて…。

書かれていることが本当だったらと思うと不安で、「みんなにも教えなきゃ！」って思ったの。

内容にすごく腹が立って。多くの人が知れば、批判の意見が強くなると思ったんだ。

このように、SNSには**「人に教えたい」と思わせる情報のほうが拡散されやすい傾向があります**。それは親切心から拡散されていることも。拡散する前に一度立ち止まって考えるようにしましょう。

実際の事例

不安をあおるデマが大量発生！

2024年8月、「南海トラフ地震臨時情報(巨大地震注意)」が出されたことをきっかけに、地震に関する多数のデマがSNSに投稿されました。特に、数年前に投稿された地震を予言する投稿のスクショが広く拡散され話題となり、ニュースでも取り上げられる事態となりました。

あ、またこういう投稿にたくさん「いいね」ついてる……！自分はもうだまされないぞ！

30 SNSだからこそ、できること。

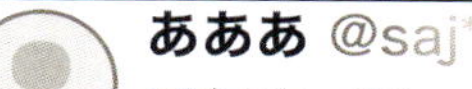

ああああ @saj**
返信先: @ho* さん
ずっと前だけど、勉強
教えてくれてありがとう！
私はあなたが大好きだよ！

いいいい @s_at_**
返信先: @ho* さん
きみはひとりじゃない、
みんな味方だよ

うううう @hiyo**
返信先: @ho さん
何もできなくてごめん、
味方だよ！

ええええ @ta
返信先: @ho* さん
何も悪くないって、
わかっているからね

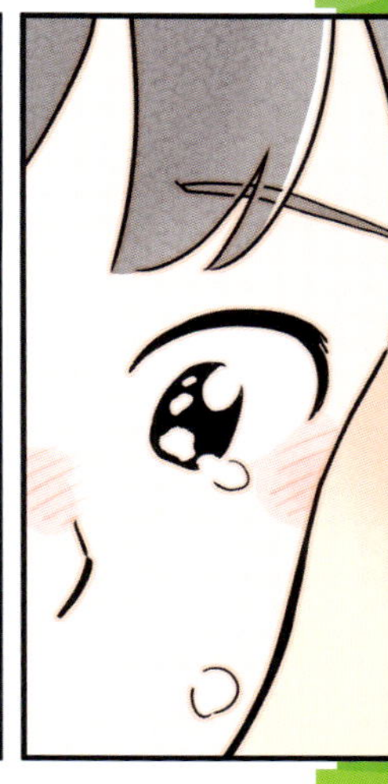

何ができた？

いじめはもちろん絶対にいけないこと。でも、だからといっていじめられている子を助けるのは、正直そのあとのことを考えると少しこわい…。

うん。次は自分が標的にされるかもって考えると、助けに入るのはかなり勇気がいるよな…。

そうだよね。周囲にいる人たちにとっても、いじめは本当に難しい問題。そして今回ふたりがやってくれたことは、**SNSだからこそすぐにできる１つの手段**だったと思うよ。

みなさんに知ってほしいこと

SNSに限らず、いじめの被害者は、**自分をいじめている人たちの全体像がよくわからないことが多い**のです。見えるようにいやがらせをしてくる人はもちろんわかります。でも、そのほかの人が自分をどう思っているかは、確認する方法がありません。考えてみてください。いじめを受けている子が、周囲の人に「あなたは味方？」「私をどう思ってる？」なんて、聞けるはずはないと思いませんか。

だれが自分をいじめているのかわからない以上、いったん全員を敵かもしれないと思うしかありません。それがどれだけつらいか、想像してみてください。「この人も敵では？」と常に不安をかかえながら日々を過ごすのです。このことだけでも、いじめが許しがたい行為だと思いませんか。

いじめは、そのほとんどが犯罪に該当します。犯罪とは警察が動く違法行為のことです。言葉を選ばなければ、いじめを行っている人はその多くが犯罪者なのだといっても過言ではないかもしれません。いじめ被害者が、その被害について警察へ被害届を出し、それが受理されるケースが全国的にも増えているのです。

どう向き合えばいい？

もしSNSでのいじめに気づいたら、その**証拠を画像などで保存**するようにしてください。これはほかの人がいじめられているのを発見した場合でも、自分が被害にあっている場合でも同じです。そのうえで、学校の先生などに伝えるようにしましょう。

自分からいじめについて打ち明けるのは難しいと感じる人もいるかもしれません。その場合は、保護者から伝えてもらったり、匿名で報告したりするのでももちろんかまいません。まずは、周囲の大人がいじめについて知っている状態を作ることが大切です。

特にいじめがSNSで行われている場合は、学校の先生や親が気づきにくいという問題があるので、これは重要なアクションになります。

SNSだからできること

マンガの中で主人公のふたりがとったアクションは、SNSだからこそ実行できたすばらしい行為です。「私は敵じゃないよ」「あなたをきらいじゃないよ」「ひとりじゃないよ」というメッセージで、被害者の子は、少なくとも今日や明日を過ごす力が得られます。

メッセージを送るのは、匿名のアカウントでもかまいません。あなたの気持ちを送ってあげてください。まわりのだれもが敵に見えている被害者にとって、自分の味方だと言ってくれる人がいるという事実は、とても大きなことなのです。

あなたがこの一歩をふみ出せば、同じような味方が現れるかもしれません。

もしものときの相談先

あなたのいばしょ

URL https://talkme.jp

24時間365日、誰でも無料で使えるチャット相談窓口です。名前は言わなくても大丈夫です。あなたの秘密はまもります。まずはどんなことでも気軽にお話しにきてください。

あとがき

まずは、この本を手に取っていただきありがとうございました。ここまで読んで、みなさんはどんなことを感じましたか。もしかしたら「SNS って何だかこわいなあ」「そんなに危ないなら、使わなければいいんじゃない？」と思った人もいるかもしれません。

ですが、私たちは決して「SNS を使わないでほしい」とみなさんに伝えたいわけではありません。SNS に限らず、世の中には「便利さと危険、どちらもあるもの」がたくさんあります。危険だからとすべてを遠ざけてしまったら、もう世界は広がらず、心の豊かさも得られなくなってしまうかもしれません。それはもったいないと思いませんか。

「正しい情報を知り、知識を身につけること」「それらをもとに自分でしっかり考えること」ができるようになれば、危険をさけたり乗りこえたりしながら、より楽しい人生をおくれるようになるはずです。

この本を読むことで、みなさんが自分も他人も傷つけることなく、SNSを安全に使いながら楽しく過ごせることを心から願っています。

編集部

! SNS関連用語チェック

本書に登場した、SNSに関する用語の説明です。わからないものがあれば、意味をおさえておきましょう。

アイコン

ユーザーが登録する、そのアカウントの画像や写真のこと。

ID

それぞれのアカウントにひもづく、英数字などの文字列のこと。アカウントの識別に使われる。

拡散

他人の投稿、書きこみを広めること。リポスト、リツイートなどともいう。

スクリーンショット

画面に表示されている内容を、画像として保存すること。略して「スクショ」ともいう。

DM（ダイレクトメッセージ）

特定のユーザーとのみ、非公開でメッセージのやりとりができる機能。

テストつかれた〜

おつかれさま！
がんばっていてえらいね！

投稿／アップ

SNSやネットに、文章や画像などをのせること。

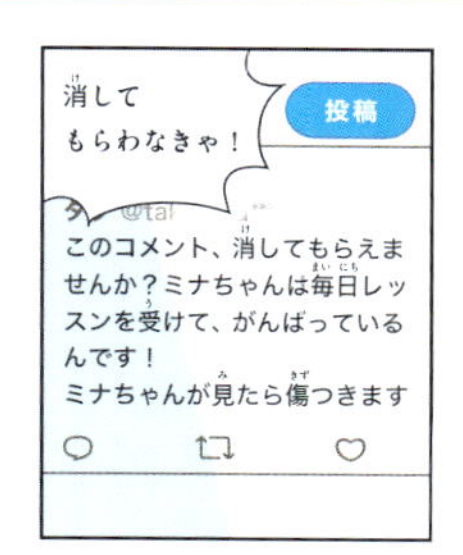

パスワード

ログインに必要な、あらかじめ決めた文字列。正しいユーザーであることを認証するためのもの。

フォロー

主にSNSにおいて、相手のユーザーを友だちとして登録すること。

NDC 007　特別堅牢製本図書
被害者にも加害者にもならないために
SNSから心をまもる本
Gakken 2025 96P 26.5cm
ISBN 978-4-05-501443-4　C8036

被害者にも加害者にもならないために
SNSから心をまもる本

2025年 2月11日　第1刷発行

監修　小木曽健
発行人　川畑勝
編集人　志村俊幸
編集担当　小澤見菜、田沢あかね
発行所　株式会社Gakken
〒141-8416 東京都品川区西五反田2-11-8
DTP　株式会社アド・クレール
印刷所　大日本印刷株式会社

カバーイラスト・マンガ・挿絵
仲川麻子
カバーデザイン・本文デザイン
bookwall
執筆協力
澤野誠人（株式会社ワード）
加藤達也
法律監修
レイ法律事務所　髙橋知典
校正
岩崎美穂、倉本有加、
さかたくにこ、田中裕子、
富安雅子、藤井真知子
企画・編集
小澤見菜

● この本に関する各種お問い合わせ先
・本の内容については、
下記サイトのお問い合わせフォームよりお願いします。
https://www.corp-gakken.co.jp/contact/
・在庫については
Tel 03-6431-1197（販売部）
・不良品（落丁、乱丁）については
Tel 0570-000577　学研業務センター
〒354-0045 埼玉県入間郡三芳町上富279-1
・上記以外のお問い合わせは
Tel 0570-056-710（学研グループ総合案内）

学研グループの書籍・雑誌についての新刊情報・詳細情報は、下記をご覧ください。
学研出版サイト　https://hon.gakken.jp/

※本書は、2024年12月時点の情報をもとにしています。
※本書に登場する人物、作品名などは架空のもので、実在の人物や作品とは関係ありません。